caminhões

FNM

Copyright © 2017 Alaúde Editorial Ltda.

Todos os direitos reservados. Nenhuma parte desta edição pode ser utilizada ou reproduzida – em qualquer meio ou forma, seja mecânico ou eletrônico –, nem apropriada ou estocada em sistema de banco de dados sem a expressa autorização da editora.

O texto deste livro foi fixado conforme o acordo ortográfico vigente no Brasil desde 1º de janeiro de 2009.

Preparação: Ab Aeterno Produção Editorial
Revisão: Claudia Vilas Gomes e Julio de Mattos
Consultoria técnica: Miklos G. Stammer
Capa e projeto gráfico: Rodrigo Azevedo Frazão
Fotografia de capa e miolo: Cesar Godoy, exceto quando destacado na p. 93
Impressão e acabamento: Ipsis Gráfica e Editora S/A

1ª edição, 2017
Impresso no Brasil

2017
Alaúde Editorial Ltda.
Avenida Paulista, 1337, conjunto 11
São Paulo, SP, 01311-200
Tel.: (11) 5572-9474
www.alaude.com.br

Dados Internacionais de Catalogação na Publicação (CIP)
(Câmara Brasileira do Livro, SP, Brasil)

Fullin, Evandro dos Santos
Caminhões FNM : a força brasileira nas estradas / Evandro dos Santos Fullin, Rogério de Simone. - São Paulo: Alaúde Editorial, 2017.

Bibliografia.
ISBN 978-85-7881-435-9

1. Automobilismo 2. Caminhões 3. Caminhões - Brasil 4. FNM - Fábrica Nacional de Motores - História 5. Transporte rodoviário - Brasil - História I. Simone, Rogério de. II. Título.

17-04923   CDD-629.2220981

Índices para catálogo sistemático:
1. FNM - Fábrica Nacional de Motores: Caminhões: História 629.2220981

Evandro Fullin
Rogério de Simone

caminhões
FNM
A força brasileira nas estradas

Prefácio
FNM: O PRIMEIRO CAMINHÃO PESADO BRASILEIRO

O caminhão conhecido como Fenemê – resultado da pronúncia da abreviatura da Fabrica Nacional de Motores (FNM) – é um ícone do transporte de carga brasileiro e da exuberância política do período Getulista.

Durante o Estado Novo, no governo Getúlio Vargas, lá pelos idos de 1939, o clima geral no Brasil era de euforia, pois Getúlio sonhava com um Brasil industrializado. Foi nesta época que surgiram estatais de peso como a Companhia Siderúrgica Nacional (CSN) e a Vale do Rio Doce. Também foi durante esse período que a FNM começava a ser gestada, mas sua inauguração só ocorreu em 1942.

Com as idas e vindas típicas da vida política brasileira, Getúlio foi deposto e Eurico Gaspar Dutra assumiu um Brasil com ideias de industrialização esquecidas.

A fábrica de Xerem, no distrito de Duque de Caxias, só deslanchou em 1949, graças à parceria com a Isotta Fraschini, mas tornou-se histórica: a FNM foi a primeira empresa a fabricar caminhões no Brasil. Primeiro lançou o D-7300, um modelo bicudo com motor a diesel e capacidade para 7,5 t de carga. Foram fabricadas cerca de 200 unidades deste modelo de caminhão, mas a Isotta Fraschini estava em má situação financeira na Europa e interrompeu o envio de peças. Era o fim da parceria.

Tempos depois, a FNM se associou à estatal italiana Alfa Romeo. Foi com o modelo "cara chata" FNM D-9500 que a linha de Xerém foi reativada em 1951. Em 1955, ela também esteve à frente da produção dos "cavalos mecânicos", primeira tentativa de lançar ônibus muito longos – décadas antes dos articulados e BRTs –, adaptando caminhões para sustentar estruturas de ônibus.

É por isso que a edição deste livro é oportuna. A história da FNM é rica em detalhes não só de engenharia automotiva, mas também de uma fase política, econômica e social importante do Brasil. São exatamente estes relatos, que você, leitor apaixonado pela mobilidade, vai encontrar nestas páginas.

Boa leitura!
José Luiz Vieira
Engenheiro automotivo e jornalista especializado na área automobilística

SUMÁRIO

11 ■ Introdução

Capítulo 1
A chegada da FNM ao Brasil

12

15 ■ A primeira fábrica brasileira

Capítulo 2

Caminhões FNM Alfa Romeo (1951 a 1972)

22

O primeiro FNM Alfa Romeo — 24
Nasce uma lenda, o FNM D-11000 — 31
Curiosidades — 50

Capítulo 3

Os novos FNM e a fase Fiat Diesel (1972 a 1981)

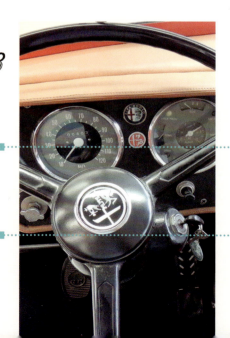

52

A fase final da Fiat Diesel — 68

Capítulo 4

O retorno da
Iveco ao Brasil
(1981 a 2011) 70

Capítulo 5

Dados
técnicos 82

Bibliografia 89

Crédito das imagens 93

Agradecimentos 95

Esclarecimentos técnicos
VALORES DE POTÊNCIA E TORQUE

Os valores de potência e torque, quando grafados em **negrito**, referem-se a valores brutos segundo a Society of Automotive Engineers (SAE), ou similar, por não haver informação de potência líquida, especialmente nos modelos fabricados antes dos anos 1970. O mesmo critério de grafia em negrito foi adotado quando não havia informação sobre se os valores expressos eram líquidos ou brutos.

As informações de potência e torque grafadas sem destaque referem-se aos valores líquidos, conforme as normas DIN 70.020 (Instituto Alemão para Normatização), ISO 1585 (Organização Internacional para Padronização), ou ABNT NBR 5484 (Associação Brasileira de Normas Técnicas) aplicáveis na época da produção do referido modelo.

Lembrando que os valores brutos, de maneira simplificada, referem-se à medição em dinamômetro sem descontar as perdas resultantes dos acessórios essenciais para o funcionamento do motor, como o ventilador, bombas e acessórios, entre outros. Os valores líquidos levam em consideração todos os itens necessários ao funcionamento do motor e, portanto, referem-se à potência e ao torque efetivamente disponíveis na embreagem para a propulsão do veículo.

INTRODUÇÃO

Em um país de dimensões continentais como o Brasil, cuja malha ferroviária é insuficiente para o transporte de todo tipo de insumos, o caminhão teve um papel fundamental no desenvolvimento da economia. Praticamente toda a produção agrícola era transportada por ele. Essa realidade está sintetizada em uma máxima que se diz até os dias de hoje: "O Brasil é um país que se movimenta sobre as rodas de um caminhão".

O curioso é que, mesmo com tamanha importância, a totalidade dos caminhões que rodavam por nossas ruas e estradas até os anos 1940 era importada, de marcas como Leyand, Aclo, International, GMC etc. (a maioria vinda dos Estados Unidos e da Inglaterra). Porém, tudo começou a mudar em 1949, quando a Fábrica Nacional de Motores, de forma pioneira, começou a produzir caminhões no Brasil.

Logo a FNM se tornou uma marca de suma importância, fazendo história com os lendários D-9500 e D-11000, lançados em 1950 e em 1958, respectivamente. Todo mundo que viveu na época com certeza se lembra do ronco característico de seus motores Alfa Romeo, cuja robustez era comprovada. Muitos exemplares estão em funcionamento até os dias de hoje.

É por esse pioneirismo e pela paixão que a marca despertou nos corações dos brasileiros que os caminhões FNM merecem ser homenageados com este livro, ricamente ilustrado, que conta um pouco da trajetória desses verdadeiros "heróis da estrada".

Capítulo 1

A CHEGADA DA FNM AO BRASIL

A presença dos caminhões italianos no Brasil vem de longa data. Já no início do século XX, havia registros dos primeiros veículos Fiat na cidade de São Paulo. Naquela altura, os Fiat eram importados em caixas e montados pela Indústria de Carros e Automóveis Luiz Grassi & Irmão, que se tornaria importante encarroçadora, para, mais tarde, formar a Caio, renomada fabricante

de carrocerias. Em 1910, começava a operar, em Belo Horizonte, o primeiro representante mineiro da marca. Nos anos 1920, a F. Matarazzo & Cia. era a concessionária Fiat, que tinha, na elite paulistana, o principal público para os luxuosos automóveis. Entre as décadas de 1910 e 1920, uma profusão de anúncios de caminhões Fiat entre 3 e 5 t apareciam nos classificados dos jornais.

Criada na Itália em 1899 como F.I.A.T., ou Fabbrica Italiana d'Automobili Torino, a companhia construiu seu primeiro caminhão em 1903, uma máquina com 4 t de controles avançados, motor de 6,4 litros e **24 cv**. Em 1918, a empresa passou a ser denominada Fiat SpA.

Imagem interna e externa do primeiro peso pesado fabricado pela Fiat, em 1903, na Itália. Ele atingia a velocidade máxima de 13 km/h.

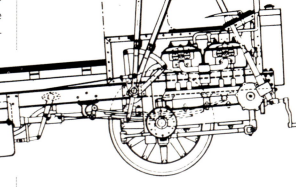

Surgida em 1906, na cidade de Milão, como Societá Anonima Lombarda Fabbrica Automobili, ou A.L.F.A., em 1918, a companhia se juntaria aos empreendimentos de Nicola Romeo para dar origem à Alfa Romeo. A produção de veículos comerciais teve início em 1914. A partir da década de 1930, a marca passou a ter uma expressiva participação no mercado italiano de caminhões.

Em 1928, a Fiat aparecia com cerca de 4% do volume de importações de caminhões no Porto de Santos. Dois anos mais tarde, a Fiat Brasileira S.A. anunciava seus produtos no país, informando sobre sua sede em São Paulo e filiais no Rio de Janeiro e em Porto Alegre. Anunciada em maio de 1931, a inauguração de uma nova e moderna sede na Rua da Consolação, 331, na capital paulista, realçava a presença da marca de Turim em solo brasileiro. Porém, com a Segunda Guerra Mundial, as importações provenientes da Itália foram interrompidas, e a presença da marca se esvaneceu.

A PRIMEIRA FÁBRICA BRASILEIRA

Em setembro de 1939, foi deflagrada a Segunda Guerra Mundial, um conflito que envolveu a maioria das nações, incluindo todas as grandes potências. Nessa época, o Brasil era uma nação de economia essencialmente agropecuária, com indústria incipiente e grande importadora de manufaturados. Durante o período bélico, o país começou a ressentir-se ainda mais da escassez de produtos, com pronunciados períodos de desabastecimento, em função de desvios feitos pelas nações desenvolvidas para suportar sua própria população e o esforço de guerra.

O governo brasileiro, cujo presidente era Getúlio Vargas, visava a transformar o país em uma economia industrializada, criando várias sementes de industrialização. São frutos dessa iniciativa empresas

Uma das primeiras propagandas da Fiat, era o início de uma grande história de sucesso.

como a Companhia Siderúrgica Nacional (CSN), a Companhia Vale do Rio Doce, a Companhia Hidrelétrica do São Francisco, entre outras.

Resultante do mesmo processo, surgiu a Fábrica Nacional de Motores de Avião (FNM), no distrito de Xerém, em Duque de Caxias, Rio de Janeiro, que foi criada com o apoio do presidente Vargas e idealizada pelo brigadeiro Antônio Guedes Muniz. A fábrica começou a ser construída em 1940, e a inauguração oficial ocorreu no dia 13 de junho de 1942.

Na época, por ter se aliado aos Estados Unidos, o Brasil se viu forçado a entrar na guerra, já que os norte-americanos ameaçavam invadir o Nordeste do Brasil caso o país se mantivesse na neutralidade. Em troca de bases militares naquela região, como a Base Aérea de Natal, por exemplo, o Brasil recebeu incentivos financeiros norte-americanos por meio do esquema *Lend-Lease*, incluindo a transferência de tecnologia para implantar e operar a FNM e outras daquelas empresas recém-criadas pelo governo.

Licenciada para a fabricação dos famosos motores radiais aeronáuticos Wright Whirlwind R-975, de nove cilindros, 16 litros e até **456 cv**, a produção da FNM começou apenas em 1946, depois de terminada a guerra, porém, poucas unidades desse motor foram fabricadas. Entretanto, com o excedente de material bélico, que incluía um infindável número de motores sobressalentes e aeronaves completas espalhadas pelo mundo afora, não fazia o menor sentido sustentar a fabricação em Xerém

Propaganda dos motores Wright para aviões fabricados sob licença pela FNM.

conforme o plano original. Além disso, os motores da marca Wright já estavam ultrapassados e obsoletos.

Para não pôr o investimento a perder, o governo e a administração da FNM trataram de procurar alternativas para preencher a enorme capacidade produtiva ociosa. Nos dois anos que se seguiram, dos colossais galpões com ar condicionado e das linhas de usinagem devidamente retrabalhadas, saía uma variedade de produtos que englobava desde compressores, bicicletas, componentes ferroviários e refrigeradores domésticos até motores de avião reformados. Comenta-se que até mesmo a avicultura havia sido uma opção para preencher o gigantesco déficit que se acumulava.

A fase inicial da FNM, burocratizada e militarizada, foi superada em 16 de janeiro de 1946, com sua transformação em Sociedade Anônima e adaptação à

Caminhão FNM D-7300, apenas 200 exemplares foram fabricados. Atualmente é considerado extinto, já que não se tem notícias de nenhum "sobrevivente".

indústria automobilística, com foco em tratores e caminhões pesados. Nesse sentido, inicialmente a FNM tentou fechar acordo com a Mack norte-americana para produzir esses caminhões no Brasil, mas o acordo não chegou a ser efetivado, pois, embora interessada, a empresa norte-americana fazia questão de deter o controle acionário da FNM, condição então inaceitável para o governo brasileiro. Além disso, ela queria utilizar a fábrica apenas para montar caminhões enviados dos Estados Unidos.

Nessa época, a totalidade dos caminhões que rodava pelas estradas brasileiras era importada (a maioria vinda da Inglaterra e dos Estados Unidos), como Leyland, Aclo, International, GMC etc.

Como se sabe, o Brasil se comportou como um cavalheiro na Conferência de Guerra com a Itália: além de não aceitar

Devido à sua incomparável resistência, o FNM era frequentemente visto com reboques de tábuas de madeira, tão comuns nos anos 1950 e 1960.

A CHEGADA DA FNM AO BRASIL 19

nada, pediu aos Aliados que deixassem os outros países em paz. O governo italiano quis retribuir esse gesto de amizade, e a FNM pediu para fabricar os caminhões Isotta Fraschini no país. Deu tudo certo e, em 14 de janeiro de 1949, foi assinado um acordo para a fabricação local do caminhão IF D-80 CO (aqui inicialmente designado D-80 e, posteriormente, renomeado D-7300), um produto da empresa italiana, na época mais conhecida por seus sofisticados automóveis de luxo. O modelo tinha peso bruto total (PBT) de 13 t e podia carregar 7,5 t, mais um reboque de até 14 t. Montados em cubos raiados, os pneus 10.00 × 20 eram separados por 4.100 mm entre eixos.

O trem de força, com tecnologia original licenciada pela MAN alemã, era composto por um motor diesel de seis cilindros com

Vista parcialmente explodida do caminhão D-7300, que usava um motor diesel de 7,3 litros e 101 cv.

injeção direta, de 7,3 litros (com diâmetro e curso dos êmbolos de 105 mm × 140 mm) e potência de **101 cv** a 1.850 rpm. Instalada no entre eixos do D-7300, a transmissão direta de cinco marchas deslizantes oferecia redução total de 7,0:1 e se comunicava com um eixo traseiro flutuante com diferencial bloqueável e redução total de 8,0:1, resultante de coroa e pinhão helicoidais e redutores nas rodas. Os freios de serviço eram pneumáticos, com o de estacionamento atuando na saída da caixa, por contração. O sistema elétrico adotava 24 v para a partida e 12 v para iluminação e outras utilidades de bordo. Uma das características desse caminhão era a cabine bicuda, ou com "focinho" como era popularmente chamada, fazendo do D-7300 o único FNM com tal configuração, pois todos os outros depois dele foram do modelo cabine avançada, ou "caras-chatas".

Mas a Isotta italiana não recebeu financiamento do Plano Marshall, enfrentando sérias dificuldades financeiras, que a levaram a decretar o final da produção de automóveis em 1949 e de caminhões em 1955. Desamparado tecnicamente e com o suprimento interrompido, o D-7300 teve apenas 200 unidades produzidas em Duque de Caxias, sendo 50 em 1949 e 150 no ano seguinte, com índice de nacionalização de 30%. Esses números fazem do D-7300 um caminhão considerado extinto pelos colecionadores da marca. Somente fotografias e fragmentos parecem ter sobrevivido, espalhados em distintas mãos.

Com entre eixos de 4.000 mm, o chassi Standard do FNM D-11000 era, com frequência, empregado no transporte de líquidos, como leite *in natura*.

Capítulo 2
CAMINHÕES FNM ALFA ROMEO (1951 A 1972)

Ainda em 1950, no dia 5 de julho, a FNM assinou um novo contrato de cooperação industrial, agora com a Alfa Romeo S.A., empresa indicada pelo governo italiano para substituir a anterior e produzir caminhões e chassis de ônibus sob licença no Brasil. A Alfa Romeo se obrigava ao fornecimento de 1.000 chassis de ônibus e caminhões, além de conceder à FNM os direitos e licença de fabricação.

O PRIMEIRO FNM ALFA ROMEO

Conforme registrado no livro *Il camion Alfa Romeo*, de Massimo Condolo, assim que foi firmado o contrato entre as partes, os técnicos da Alfa Romeo estudaram para o mercado brasileiro uma versão específica do modelo AR 800 italiano, cuja produção havia se encerrado pouco antes. Essa versão foi chamada aqui de 800 BR, e só apareceu durante a fase de testes, em 1950/1951. Provavelmente considerado pouco possante para as condições locais – tinha motor de 8.725 cm³ e 115 cv –, foi substituído pelo modelo AR 950. Alguns dizem que o efêmero 800 BR teria também recebido a designação D-9000 (curiosamente, em alguns anúncios veiculados à época pela própria FNM, o D-9500 aparece ora como sendo derivado do modelo 900 da Alfa Romeo, ora do modelo 950).

Enfim, o modelo escolhido foi o Tipo 950, um caminhão de 14 t brutas e 8,1 t de carga, com motor seis-cilindros diesel modelo Alfa Romeo 1606, com injeção direta Spica, 9.495 cm³, e 130 cv a 2.000 rpm (também nesse caso o trem de força tinha origem germânica, por meio de um acordo de transferência de tecnologia firmado pela Alfa Romeo, nos anos 1930, com os fabricantes alemães Deutz e Büssing-Nag). Batizado de FNM D-9500, o caminhão tinha transmissão de oito marchas, divididas em duas gamas de quatro velocidades, com engrenamento constante de segunda em diante, e reduções entre 5,30 e 0,78:1. Essa caixa operava com um eixo traseiro

Propaganda do caminhão D-9500, agora fabricado sob licença da Alfa Romeo.

CAMINHÕES FNM ALFA ROMEO (1951 A 1972)   25

FNM D-9500 ano 1955, com cabine fabricada pela Brasinca.

flutuante de dupla redução, composta por dois pares de engrenagens, um cônico e um cilíndrico, com redução total de brutais 10,48:1. O entre eixos padrão era de 4 m e as rodas raiadas usavam pneus 11.00 × 22. Além de seu peso próprio, podia lidar com "peso rebocável normal" de 14 t, ou "máximo" de 18 t, como informava o manual do proprietário. O sistema elétrico seguia o mesmo princípio de 24 V e 12 V do antecessor.

O índice de nacionalização da primeira série de veículos era da ordem de 35%.

O peso de 5,9 t em ordem de marcha dava uma ideia de seu superdimensionamento, que logo ficaria evidente nas precárias condições de operação de seu tempo. A facilidade com que encarava a sobrecarga era admirável e logo a FNM começaria a plantar uma imagem sólida no então incipiente mercado brasileiro de caminhões pesados. Outra característica que chamava a atenção no FNM era o ineditismo da cabine leito. Tão rara naqueles tempos, sua conveniência e conforto caíram de imediato no gosto dos motoristas brasileiros, especialmente nas longas jornadas.

Pelo fato de a FNM ter sido concebida originalmente como uma fábrica de componentes mecânicos fundidos, forjados e usinados, e não como uma estamparia e ferramentaria de carroçarias, no começo da produção do D-9500, ela não dava conta de fabricar cabines na mesma razão dos chassis e foi obrigada a cadastrar fornecedores externos para suprir essa necessidade. Diversas marcas e modelos foram empregados, inclusive a original do Alfa Romeo Tipo 950, sendo, mais tarde, substituída pela chamada cabine Standard, já fabricada pela própria FNM a partir de novembro de

Ao lado: as rodas raiadas com pneus 11.00 × 22 eram uma tradição do FNM iniciada no D-9500.

Abaixo: a ausência de indicadores de direção ("piscas") na dianteira é justificada pelos indicadores de direção tipo semáforos, ou "bananinhas", nas colunas das portas.

1952, inicialmente em número reduzido. Com produção iniciada enquanto corria o ano de 1951, as primeiras unidades começaram a achar seus donos a partir do ano seguinte, quando 800 caminhões D-9500 foram montados em Xerém. Em 1956, foi registrado um grande aumento da produção local, inclusive com a notícia da fabricação nacional do motor. Até 1957, o último ano do modelo, quase 10.000 veículos, sendo 9.479 caminhões e 520 ônibus, foram produzidos, número que definitivamente colocava a FNM na liderança de seu segmento.

NASCE UMA LENDA, O FNM D-11000

Naquele mesmo ano de 1957, começava a ser fabricado um novo produto, que acabaria por consolidar de vez a imagem do caminhão Alfa Romeo no Brasil. Tratava-se de um veículo pesado baseado no modelo Mille (1000) italiano, porém com cabine de desenho próprio. Aliás, o mesmo fato ocorrido na história do D-9500 se repetiu com o D-11000. Apesar de a maior parte da produção ser dotada de cabine própria, ou Standard,

a saga do modelo revelava mais de uma dezena de cabines, incluindo nomes como Brasinca, Carretti, Drulla, Gabardo, Inca, Metro e Rasera. O problema de insuficiência de cabines próprias só foi solucionado definitivamente no início da década de 1960. Em todo caso, o leito continuava fazendo sucesso, oferecendo acomodação para dois ocupantes, dia e noite, graças ao beliche basculável. Uma marca registrada na maioria das cabines eram as portas "suicidas", com abertura pela frente. A exceção ficava por conta da cabine Metro, com portas de abertura

Na página ao lado: o modelo 1958 com cabine Standard (fabricada na FNM). Foi o último ano de disposição da lanterna abaixo do farol, conhecida como "farol em pé" ou "chorão".

O FNM D-11000 se tornou o caminhão mais emblemático do Brasil.

FNM D-11000 com cabine fabricada pela Brasinca.

CAMINHÕES FNM ALFA ROMEO (1951 A 1972) 33

D-11000 com cabine Metro, a única em que a porta se abria no sentido tradicional.

tradicional e acesso pouco cômodo por trás das rodas dianteiras.

Todas as cabines tinham desenho próprio e personalidade marcante, conferindo ao modelo uma aparência imponente e invocada, de impor respeito. Não poderiam refletir melhor o próprio caráter do caminhão, sempre pronto para encarar os piores desafios, sem pressa, mas com galhardia. A história do FNM mescla-se com a própria história do caminhão nacional. Talvez não exista caminhão mais emblemático que o FNM, e tão com a cara do Brasil.

Uma de suas marcas registradas era a grade dianteira com largas barras horizontais nas quais eram fixadas, de forma ascendente, as letras em tipo bloco F, N e M (que logo lhe renderam o apelido "Fenemê"). Os para-brisas divididos e os faróis saltados, com dois parrudos ganchos de reboque que se projetavam ao seu lado, completavam a inconfundível imagem de força bruta. Até 1958, as cabines Standard e Brasinca exibiam faróis "em pé", isto é, o conjunto ótico era formado pelo farol acima da lanterna. Em 1959, teve início a migração para o farol "deitado", ou seja, farol e lanterna ficavam no mesmo plano horizontal. Ainda em 1959, um grande pacote de melhorias foi adicionado ao D-11000, incluindo novos feixes de molas dianteiros.

Por baixo da aparência, quem garantia a marcha do FNM D-11000 era um motor diesel Alfa Romeo 1610 de seis cilindros, deslocando 11.050 cm^3, resultantes de cilindros de 125 mm × 140 mm, habilitados a produzir **150 cv** a 2.000 rpm. Itens marcantes de suas especificações incluíam injeção direta Spica (em 1961, a injeção Bosch se tornou opcional), bloco de cilindros em liga leve com virabrequim de sete mancais, camisas removíveis e cabeçote triplo.

A transmissão seguia o conceito do antecessor, com uma unidade de quatro marchas com grupo multiplicador, resultando em oito marchas não sincronizadas à frente e duas à ré. Apenas a primeira marcha e a ré eram deslizantes,

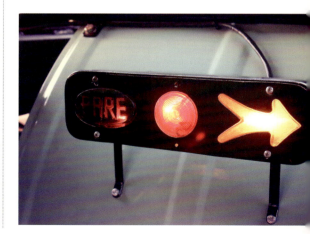

CAMINHÕES FNM ALFA ROMEO (1951 A 1972) **35**

Características do caminhão FNM: lanterna traseira, porta que se abria no sentido contrário (conhecida como "suicida"), entrada de ar para ventilar a cabine e tradicionais rodas raiadas.

Ao lado: o painel com vários instrumentos usados até 1967.

Abaixo: a nova disposição, de 1967 em diante.

sendo as demais de engrenamento constante de perfil helicoidal silencioso. As relações de redução eram as mesmas do D-9500, e o comando permanecia com as duas tradicionais alavancas separadas. Em sua saída, era instalado o freio de estacionamento, e o sistema de serviço Westinghouse era ativado por ar comprimido. O eixo traseiro também tinha concepção similar ao do antigo FNM, porém havia opção de uma nova relação de 8,75:1, que permitia atingir quase 64 km/h, com pneus 11.00 × 22 – 14.

As diferentes execuções dos D-11000 eram denominadas "Variantes" pela fábrica. Em 1961, a Variante 1 representava o

Acima e ao centro: cabine Standard, que, a partir de 1959, passou a ter a lanterna ao lado do farol, conhecido como "farol deitado".

três-eixos de chassi longo com 5,05 m entre eixos, a V-2 tinha chassi longo de 4,4 m, a Variante 3 era para básculas, com 3,4 m entre eixos, a V-4 era o chamado "chassi normal", de 4 m entre eixos, para uso com romeu e julieta, por exemplo. A lista continuava com a Variante 5, que tinha chassi superlongo com 4,8 m entre eixos.

Finalmente a V-6, com os mesmos 3,4 m da V-3, porém direcionada ao emprego como cavalo mecânico.

Mantendo o mesmo peso publicado do antecessor e com carga bruta de 9,1 t, o PBT chegava a 15 t. O peso bruto total combinado (PBTC) "normal" ficava em 29 t e o "máximo" chegava a

33 t, com reboque ou semirreboque de dois eixos. Nos primeiros anos, o PBT aparecia como 14 t e a carga total como 8,1 t. Também podiam ser acrescidos 14 t rebocáveis, como no D-9500.

Em fins de 1966, para o ano-modelo 1967, a FNM apresentava um pacote de atualizações para o D-11000, dentre as quais a mais importante era o aumento da potência do motor para **175 cv,** com torque

Acima: propaganda do modelo 1967 V-6 com chassi curto.

Na página ao lado: em 1972, o FNM D-11000 deixou de ser fabricado, porém nascia aí uma lenda, fazendo dele um dos caminhões mais apreciados da nossa indústria.

Na página ao lado: um raro FNM D-11000 versão V-17 com segundo eixo direcional, o modelo da foto foi fabricado em 1968.

máximo atingindo **657 Nm** a 1.400 rpm, fundamentais para acompanhar os 195 cv e 746 Nm do Scania L76. O visual também foi revisado com uma nova grade dianteira com formato de tela de TV (das antigas!) e, logo acima, um enorme emblema circular com fundo vermelho.

No final daquela década, a publicidade já mostrava uma profusão de Variantes. Os modelos de dois eixos eram representados pelo V-4 de 4.400 mm entre eixos, o V-5 de 4.000 mm, o V-6 com chassi curto de 3.400 mm, para básculas e cavalos mecânicos, e o V-10 extralongo, para cargas volumosas, com 6.452 mm entre eixos. Na ocasião, a literatura e os anúncios da marca costumavam ressaltar os "mais de 60% de participação" do FNM D-11000 no mercado de pesados, competindo com o Scania L75 (depois L76) e o Mercedes LP-331 (mais tarde LP-1520).

Junto com a Scania, a FNM foi pioneira na oferta de caminhões com terceiro eixo de fábrica. Para os basculáveis e betoneiras, havia a versão V-13, de chassi curto com 3.700 mm mais 1.360 mm entre eixos, e a longa V-17, com 4.745 mm mais 1.360 mm, empregada no transporte de longa distância. Todos tinham pneus 11.00 × 22, exceto o V-17, que era equipado de série com pneus 10.00 × 20. Substituindo o antigo V-12, esse modelo pesava 6,04 t e era fruto de uma série de medidas que a fábrica havia tomado para continuar competitiva, depois da Lei da Balança (Decreto-lei nº 62.127, de 16 de janeiro de 1968), seguida de uma onda de novos Mercedes semipesados entre 15 t e 22 t brutas.

Por causa de seu superdimensionamento, o céu era o limite ao carregar o D-11000. Porém, com a nova legislação, já não seria mais assim. O peso em ordem de marcha passava a ter sua importância e, nesse quesito, com cerca de 700 kg a mais que os modelos da mesma faixa, o FNM não tinha vantagem alguma. Com provável razão, a legião de fãs do FNM afirmava que a lei havia sido concebida pela concorrência.

O PBT permanecia nas 15 t para os modelos 4×2 e em 22 t para os 6×2, o máximo permitido por lei. Na ocasião, o PBTC anunciado era de 35 t com reboque, ou 40 t com semirreboque. Novas relações de eixo traseiro permitiam velocidades máximas entre 53 km/h e 90 km/h e a opção de uma servodireção hidráulica foi comemorada pelos motoristas.

Uma versão histórica do D-11000 foi o V-17 com segundo eixo direcional, o primeiro do gênero fabricado no país, com capacidade para 27 t brutas, de acordo com a legislação da época.

CAMINHÕES FNM ALFA ROMEO (1951 A 1972) 45

Configurado como cavalo-mecânico, o imaculado D-11000 ostenta a rara cabine Metro, com para-brisas curvos, portas convencionais e visual singular que o destacava dos demais FNM.

Depois de sucessivas intempéries financeiras, crescente ociosidade do parque fabril e senilidade da linha de produtos, um controvertido processo de privatização culminou na venda de mais de 80% da FNM para a Alfa Romeo, em julho de 1968.

Em junho de 1972, já dando sinais de cansaço no mercado e colecionando um currículo de mais de 26.000 cópias produzidas em Duque de Caxias, o lendário D-11000 saía de linha, depois do último lote de 143 unidades. Até este ano tinha sido produzido um total de 24.983 caminhões e 1.480 chassis de ônibus FNM. Entre a sabotagem de concorrentes, o surgimento da Lei da Balança e o descaso dos responsáveis, muitas foram as hipóteses ventiladas para o fim do Fenemê. Porém, entre as mais brejeiras e autênticas, figurava o sábio comentário de um veterano das estradas: "Quem acabou com o FNM foi o asfalto!"

Provando sua excelente resistência mecânica, não é raro, nos dias atuais, cruzar com um FNM nas ruas e estradas brasileiras em plena forma, e ainda prestando serviços. Esse caminhão pode não ser rápido, porém vai muito longe. Aos sobreviventes que não estão trabalhando, já há espaço em várias coleções, restaurados e curtindo a merecida aposentadoria.

CAMINHÕES FNM ALFA ROMEO (1951 A 1972) **49**

A transmissão do FNM exigia mudanças de marcha com o cruzamento das caixas principal e multiplicadora. Nesta última, as trocas eram efetuadas por alavanca no painel.

CURIOSIDADES

O brasileiro sempre foi um povo irreverente, e era fato comum colocar apelidos em veículos fabricados no país. Pelos mais variados motivos, exemplos não faltam, como o Volkswagen sedã de quatro portas, fabricado em 1969, que recebeu o apelido de Zé do Caixão por causa de seu formato quadrado e fechaduras das portas semelhantes às alças de um caixão. Outro exemplo foi o Aero Willys, lançado em 1960, que ficou conhecido como Jeep de Fraque, já que tinha a mesma mecânica do Jeep, porém com carroceria adaptada para passeio. Também o Simca Chambord ganhou uma alcunha, tendo sido apelidado de Belo Antônio, alusão ao personagem Antônio Magnano, vivido pelo ator Marcelo Mastroianni no filme ítalo-francês *O belo Antônio*. No filme, todas as mulheres achavam Antônio o amante ideal, porém na "hora H" nada acontecia, pois o rapaz era impotente. Os primeiros Simcas que saíram da linha de montagem sofreram muito para se adaptar às condições brasileiras, e na "hora H", ou seja, quando tudo estava pronto para o passeio ou para a viagem, o carro falhava.

Com o FNM não foi diferente. Como o caminhão pegou fama de carregar tudo o que lhe pusessem em cima, com o tempo, recebeu o apelido de João Bobo. O caminhão até demorava para chegar ao destino, porém raramente falhava. Bem adepto do dito popular "devagar e sempre".

Outra curiosidade do FNM era em relação às marchas, já que havia duas alavancas de câmbio. Um câmbio "normal", com quatro marchas, cuja alavanca era instalada no assoalho, e o outro, com a alavanca no painel, em duas posições: "reduzida" (para baixo) e "rápida" (para cima). Com isso, o câmbio passava a ter oito marchas.

Em condições em que o caminhão precisasse de mais tração, ou seja, em uma subida e carregando bastante peso, não dava para usar apenas o câmbio normal, pois o veículo perderia giro do motor e, consequentemente, não conseguiria terminar o percurso. Assim, partindo da imobilidade, o caminhão deveria iniciar o trajeto com a primeira marcha normal, porém com a alavanca do painel

Com cabine Brasinca, o cavalo mecânico D-11000 ilustra o anúncio de 1960, que destaca: "0,400 kg de lubrificante e 28 litros de combustível por 100 km de carga máxima".

CAMINHÕES FNM ALFA ROMEO (1951 A 1972) **51**

Dotado de cabine Standard, o FNM D-11000 exibe as duas alavancas de mudanças da caixa de oito velocidades.

na posição reduzida, o que era, portanto, a primeira marcha reduzida. Em seguida, colocava-se a alavanca do painel na posição rápida, tornando-se a primeira marcha normal.

Para realizar essas trocas de marchas, o motorista deveria estar acostumado e treinado, pois exigia certa habilidade, já que, muitas vezes, seria necessário usar as duas mãos. Era, por exemplo, o caso da próxima marcha depois da primeira normal, o motorista deveria, ao mesmo tempo, engatar a segunda marcha na alavanca normal e colocar a alavanca do painel na posição reduzida, o que equivaleria à segunda marcha reduzida. E, assim, ia trocando as marchas até atingir a oitava marcha, que era a quarta marcha do câmbio normal com a rápida no painel. Era mais uma característica do FNM, que o tornava um caminhão tão emblemático.

Capítulo 3

OS NOVOS FNM E A FASE FIAT DIESEL (1972 A 1981)

Depois da despedida do D-11000, imediatamente, a linha de Xerém foi reaparelhada para a montagem dos novos FNM 180 e FNM 210.

As mudanças mais evidentes eram a nova e elegante cabine proveniente do Alfa Romeo Mille, devidamente convertida para a direção do lado esquerdo (já que, no país de origem, prevaleceu o volante do

Na página ao lado: novos caminhões FNM 180 e 210, agora com cabine mais espaçosa e maior área envidraçada. Na foto, o modelo 180 N3.

Abaixo: os instrumentos da série 180/210 lembravam muito os do Mercedes-Benz contemporâneos.

lado oposto até 1976). Depois do encerramento da produção do modelo na Itália, em 1964, todo o ferramental produtivo foi despachado para o Brasil, onde a cabine renasceria nos novos 180 e 210. Arejada e bem iluminada, com amplas janelas em todo o seu perímetro, a cabine monobloco apoiada em suportes elásticos oferecia um novo padrão de conforto e conservava elementos marcantes do DNA original, destacando-se o excelente leito com opção de beliche, as portas "suicidas", os olhos saltados, os ganchos de reboque e a grade em forma de tela de TV.

O trem de força permanecia basicamente o mesmo do D-11000, porém com o velho motor Alfa de 11 litros rebatizado como 120.50, com potência aumentada para **180 cv**, nas mesmas 2.000 rpm. A relação da última marcha também era ligeiramente mais longa. O chassi foi alterado para acomodar a nova cabine e era fornecido em cinco diferentes execuções, sendo três 4×2 e duas 6×2. Os modelos "toco" eram o 180 C (curto), 180 N (normal) e 180 L (longo), com entre eixos de 3.480 mm, 4.260 mm e 5.835 mm, respectivamente. Inicialmente fixado em 15 t, em 1976, o PBT aparecia com 17 t, enquanto o PBTC continuava nas 40 t, desde que se usasse o eixo 10,48:1, com velocidade máxima de 56 km/h.

Os 6×2 eram representados pelos 180 N3 e 180 C3, com os mesmos entre eixos dos irmãos 4x2, acrescidos de 1.360 mm entre os eixos do tandem. Uma das mais conhecidas aplicações do FNM 180 C3 era como betoneira, dotado de tomada de força frontal. O caminhão, que pesava 5,9 t com PBT de 24 t, liderava esse mercado na maioria das praças do país.

Para aumentar a competitividade da linha de caminhões, foi concebido o FNM 210 (também chamado de 210 CM), talhado para

OS NOVOS FNM E A FASE FIAT DIESEL (1972 A 1981) 55

trabalhar como cavalo mecânico. As melhorias incluíam uma "esticada" no conhecido motor 11 litros, agora designado como 120.08. Com a rotação aumentada para 2.200 rpm e outras modificações, o motor passava a render **215 cv**, com torque de **706 Nm** a 1.200 rpm. Outra grande novidade era a caixa ZF de seis marchas com grupo multiplicador, resultando em doze marchas, com reduções entre 9,01 e 0,84:1. O freio de estacionamento contava com tambor na entrada do eixo traseiro, que tinha duas relações disponíveis, permitindo velocidades máximas de 75 km/h ou 90 km/h.

OS NOVOS FNM E A FASE FIAT DIESEL (1972 A 1981) **57**

À esquerda: o FNM 180N3 tinha terceiro eixo de fábrica.

À direita: na nova série 180/210, foi mantida a característica marcante de um FNM, ou seja, a cabine tipo leito, com cama atrás dos bancos.

O entre eixos passou a ter 3.500 mm e, no final das contas, o novo pacote podia suportar uma carga bruta de 18,5 t, ou até 45 t com semirreboque, justamente a capacidade do Scania L110, que perdia no PBT, limitado a 17 t. Mesmo com esses atributos, FNM por FNM, o mercado preferia o 180, que vendia em média cerca de duas a três vezes mais que o 210.

No ano seguinte ao lançamento da nova gama, na terra da matriz, a Alfa Romeo teve 43% de seu controle assumido pela Fiat. A aquisição seria completada em 1976. Com isso, o nome Fábrica Nacional de Motores S.A. cederia lugar à nova Fiat Diesel Brasil S.A.

Porém, já no Salão do Automóvel de novembro 1974, caminhoneiros e frotistas conheceriam os primeiros produtos Fiat, representados pelos Fiat 70, 130 e 190. Na ocasião, todos apareciam com o emblema "FNM", que seria mantido no início da produção, desaparecendo mais tarde em favor do "FIAT", empregado na época.

Praticamente despercebida do grande público, em janeiro de 1975, veio a notícia

Propaganda do FNM 210, um cavalo mecânico pesado, de 215 cv e 45 t de peso bruto total combinado.

Abaixo: Fiat 80, com capacidade de 7,8 t de carga, a maior da categoria.

À direita: propaganda do Fiat 130, equipado com motor de seis cilindros e 7.412 cm³, que desenvolvia 145 cv.

da constituição da Industrial Vehicles Corporation (Iveco), com a fusão de cinco marcas famosas do mercado europeu de caminhões: a alemã Magirus-Deutz, a francesa Unic, e as italianas Fiat, Lancia e OM. O modelo empresarial havia nascido a partir do acordo firmado entre a Fiat Veicoli Industriali SpA e a Klöckner Humboldt Deutz AG, fabricante dos caminhões Magirus-Deutz. Tanto a Iveco como a Fiat Diesel eram parte integral da Fiat SpA.

Inspirado no Fiat 673 italiano e fabricado a partir de 1976, o Fiat 130 marcava a primeira investida da marca no disputado segmento de semipesados, então

dominado pelo Mercedes-Benz L-1313. No lançamento, seus atributos incluíam um grande motor diesel OM CP3, de seis cilindros de 7,4 litros, 145 cv e 471 Nm, que despontava como o maior torque da categoria. A conhecida caixa Clark 280 V de cinco marchas trabalhava com duas opções de eixo traseiro, de uma ou duas velocidades, puxando uma carga útil de 9 t, com PBT de 13,5 t ou de 21,5 t com terceiro eixo.

O chassi oferecia quatro opções de entre eixos, com as designações 130 C, 130 N, 130 L e 130 SL, este último chegando a 4,87 m. A cabine avançada acomodava três pessoas, mas não era basculável. Os freios eram hidropneumáticos, com uma mola acumuladora para estacionamento e freio motor.

A partir de maio daquele mesmo ano, a linha de montagem tinha mais um produto, o pesado Fiat 190. Combinando a estrutura do FNM 210, o novo caminhão trazia para o Brasil uma verdadeira lenda da marca italiana, o motor Fiat 8210.02, uma máquina de 13.798 cm^3 e seis cilindros em linha, ajustado para produzir 270 cv e 970 Nm, valores recorde na ocasião entre os diesel de aspiração natural. Havia duas opções de caixa não sincronizadas de montagem remota, a Fuller RTO-9509-B, de nove marchas, ou a ZF 4K 120 GP, de oito marchas. Com a Fuller e eixo longo, o 190 chegava 81 km/h e podia superar rampas de 39% com 40 t, "coisa que ninguém mais faz", salientava o catálogo de 1977. O PBT era de 18 t e a capacidade máxima de tração (CMT) atingia 50 t, ou até

Abaixo: Fiat 120 fabricado em 1979, concorrente na faixa de 11 t.

impressionantes 74 t, limitado a 25 km/h. Um "senhor caminhão"!

Uma versão da mesma época, era o Fiat 190E, que usava o mesmo motor 8210.02 de bloco de ferro fundido e camisas secas removíveis, porém ajustado para **260 cv** (contra **290 cv** do 190) e **952 Nm**, e caixa ZF de seis velocidades com grupo multiplicador, resultando em doze marchas. O PBTC e a CMT eram as mesmas 40 t e 50 t do 190. O 190E foi oferecido entre 1976 e 1978.

Em 1977, o Fiat 70 chegava para disputar um espaço no segmento dos leves, liderado pelo Ford F-4000 e o Mercedes L-608 D. Sua base era o Fiat 625, que tinha acabado de sair de linha na Itália, dotado de motor de quatro cilindros diesel Fiat CO3 de 4,94 litros, 90 cv e 304 Nm. Com pelo menos 1 litro a mais que a concorrência, era de se esperar que fosse o mais poderoso engenho de sua classe. A caixa era a mesma Clark do 130, com eixo motriz de uma velocidade, cuja relação de 3,90:1 permitia atingir 90 km/h com 7 t brutas, equivalentes a 4,6 t de carga.

Os freios eram hidráulicos servoassistidos e, como em outros caminhões de sua classe, os pneus eram 7.50 × 16. Havia três variantes de entre eixos, curto, médio e longo, identificados como 70 C (3.000 mm),

Com a bela cabine proveniente do Alfa Romeo Mille, o FNM 180 oferecia visual atualizado e maior conforto, sem perder o DNA dos D-11000.

Não basculável, como nos antecessores, a cabine dos FNM 180 e 210 oferecia acesso ao motor por meio do capô removível.

70 N (3.600 mm) e 70 L (4.417 mm). Já anunciada em fins de 1976, a produção normal do Fiat 70 começou no ano seguinte em Xerém, mas o primeiro caminhão leve da marca teria vida curta, sendo substituído, em 1978, pelo Fiat 80.

Muito similar ao Fiat 70, mas equipado com motor Fiat 8340.05B, de 5,4 litros, 100 cv e 348 Nm, freios e eixos reforçados, o novo Fiat 80 tinha seu peso bruto ampliado para 7,8 t – inédito para uma época em que todos os competidores ficavam na faixa de 6 t. O modelo era oferecido com os três entre eixos do antecessor, identificados como 80 C, 80 N e 80 L. Sua produção prosseguiu até 1985, com um total de quase 3.000 exemplares fabricados.

Também em 1978, a Fiat Diesel apresentava o 140, um semipesado para 14 t brutas, equipado com motor aspirado com injeção direta Saurer, modelo Fiat 8360, de 8,1 litros, 150 cv e 471 Nm, atracado a uma caixa Clark 285VHC reforçada e eixo traseiro de uma ou duas velocidades. A oferta de entre eixos era a mesma do 130, resultando nas variantes 140 C, 140 N, 140 L e 140 SL. Com o eixo de duas velocidades, 21,5 t de PBT (com terceiro eixo) e pneus 10.00 × 20, o Fiat podia atingir 77 km/h e superar aclives de 21,8%.

Para competir na popular faixa de 11 t, a mesma dos Mercedes L-1113, Ford F-600 e Chevrolet D-60, em meados de 1979, começava a produção do Fiat 120, dotado do mesmo motor 8360 do 140, porém com calibração para 130 cv e 402 Nm. Com peso bruto de 11,7 t, o 120 tinha eixo traseiro de uma velocidade, imitando o líder L-1113. Mesmo assim, o "peso total a plena carga" quando "trucado" chegava a 19 t brutas. Mas o desempenho era limitado: com eixo 5,83:1, atingia 77 km/h e vencia apenas 18% de rampa, com pneus 9.00 × 20. O sistema de freios era hidropneumático, o item de maior descontentamento entre os motoristas, por conta de sua reconhecida ineficiência.

Em julho de 1981, a montadora fluminense introduzia as versões com terceiro eixo original para os Fiat 120 e 140, para 19 t e 22 t brutas, respectivamente. Segundo a Fiat Diesel, podiam levar "500 kg a mais que o Mercedes". Motivada pela concorrência e para compensar a falta do venerável 180 a partir de 1979, a Fiat apostava no 140 para o mercado de betoneiras, com capacidade de 5 m³. Denominado 140 N3, o 6×2 rodava apoiado em 4.500 mm entre eixos, com 1.250 mm entre os eixos do tandem, podendo encarar até 16,65 t de carga. Na prática, poucos foram aceitos pelo mercado concreteiro, já de braços dados com os Mercedes LB 6×4.

A FASE FINAL DA FIAT DIESEL

A partir de 1982, a Iveco começou a administrar e a operar a Fiat Diesel Brasil. Naquele ano, a situação já era crítica na empresa. As mais de 4.000 unidades produzidas em 1980, despencaram para apenas 859 unidades dos modelos 80, 120, 140 e 190, este último respondendo por quase 50% do volume.

Com a mesma bonita cabine da chamada gama H do começo dos anos 1970 e muitos componentes do Fiat 619 italiano, visto pela primeira vez em 1975, o novo Fiat 190H foi introduzido para o

Fiat 190H ano 1980, agora com faróis retangulares embutidos nos para-choques.

ano-modelo 1980. A novidade visava, sobretudo, aumentar a competitividade no segmento pesado, em substituição ao cansado 190, com sua bela, mas já antiquada cabine Mille. A nova cabine era um total divórcio com o passado, trazendo linhas quadradas, faróis retangulares, agora embutidos no para-choque. O para-brisa único, com limpadores triplos, também se destacava. O novo desenho mantinha o conforto da cabine leito, mas dava adeus às portas "suicidas" e não era basculável como no Scania LK, seu único concorrente cara-chata. O chassi teve o entre eixos aumentado para 3.710 mm. A opção de caixa Fuller ou ZF (como no 190) do início da produção logo seria eliminada, concentrando-se apenas na Fuller 9509-B. O motor aspirado de 13,8 litros permanecia o mesmo, com 270 cv.

As linhas média e semipesada, compostas pelos Fiat 120 e 140, entrariam para sua última temporada em 1983, já em um prenúncio do que estava por ocorrer.

Duas últimas cartadas eram os únicos sustentáculos da Fiat Diesel: a versão modernizada do leve 80, rebatizada de 80 S, trazendo frente atualizada com faróis quadrados no para-choque, e o 190 Turbo, com motor 8210.022.B de 306 cv e 1.324 Nm para até 50 t de PBTC. Visualmente, este último se destacava pelas faixas decorativas e sua cabine trazia uma longa lista de amenidades, incluindo um inusitado barbeador elétrico. O Fiat 190H continuava disponível, direcionado para o uso vocacional.

Além dos resultados financeiros nada encorajadores, os parcos 420 caminhões produzidos em 1984 – dez vezes menos que cinco anos antes – eram significativos para os executivos na longínqua Turim, onde o destino da Fiat Diesel estava prestes a ser selado.

Com o anúncio de junho de 1985, um público mesmerizado assistiu ao final melancólico de uma das marcas mais queridas e carismáticas da história automotiva do Brasil, trazendo em seu esteio todo o legado da criação do primeiro caminhão pesado nacional, simbolizado pelo inesquecível "Fenemê", nascido três décadas antes. Operando com o nome de Fiat Caminhões, os últimos veículos deixaram a linha de montagem da gigantesca fábrica de Duque de Caxias em maio daquele ano.

Capítulo 4

O RETORNO DA IVECO AO BRASIL (1981 A 2011)

Embora fora do escopo desta obra, vale relembrar os principais fatos históricos que envolveram a segunda fase da Iveco no Brasil. Depois de um hiato de onze anos de ausência do mercado, em 1996, a companhia italiana dava os retoques finais no plano de implementação de produtos que marcaria sua volta ao Brasil, a partir do ano seguinte. No plano de expansão sul-americano, a Iveco Argentina era um dos

À esquerda: o Iveco EuroCargo 170 modelo 2004, também fabricado no Brasil.

Ao centro: Iveco Stralis, ano 2004.

À direita: o belo Iveco EuroTech.

pilares fundamentais do trampolim que viabilizaria o retorno ao Brasil, uma vez que a presença naquele país, ao contrário, não havia sido interrompida.

Entretanto, mesmo antes dessas movimentações oficiais, em 1995, algumas unidades do vocacional pesado EuroTrakker começaram a ser importadas da Espanha, de forma independente, pelo grupo Veículos Industriais do Brasil (VIB), de Belo Horizonte, Minas Gerais. Os veículos de origem espanhola eram produzidos na fábrica da antiga Enasa. Os modelos de estreia, configurados

como cavalos mecânicos 4×2, seriam os MP 400 E37 HT e MP 400 E42 HT, dotados do bom e velho motor Fiat 8210 – conhecido dos brasileiros desde os tempos do FNM 190 – modernizado para gerar 370 cv e 420 cv, respectivamente, acoplado a uma caixa ZF de dezesseis velocidades e um parrudo eixo traseiro com redução nos cubos.

Importados da fábrica de Suzzara, na Itália, os primeiros veículos da nova fase a chegar de forma regular a partir de 1997 foram os da linha Daily, dos modelos 35.10 e 49.10. Faziam parte da oferta versões

chassi-cabine e chassi-furgão. Ambos eram equipados com motor diesel de quatro cilindros OHC turboalimentado de alta rotação Iveco 8140.23 de 2.798 cm³, 103 cv e 240 Nm. Para o chassi-cabine havia duas distâncias entre eixos: 3.300 mm e 3.600 mm. O furgão era oferecido com 3.300 mm e 3.950 mm entre eixos, que resultavam em um volume útil de 12,3 m³ e 15,4 m³, respectivamente.

Enquanto a linha Daily estreava nas vias brasileiras, nos bastidores, passos importantes estavam sendo dados para a sua nacionalização, que também viabilizaria a adição de outras famílias de produtos. Em outubro de 1997, era lançada a pedra fundamental da fábrica de Sete Lagoas, Minas Gerais, a primeira formada a partir de interesses comuns de empresas do Grupo Fiat, no caso a Fiat Automóveis e a Iveco Mercosul Ltda. Para operar a nova fábrica, foi constituída a Iveco Fiat Brasil, que se dedicaria à produção simultânea das linhas Fiat Ducato e Iveco Daily, inicialmente a partir de painéis estampados importados da Itália. O plano era começar com 60% de produção local. Naquele mesmo ano, a Iveco registrava a venda de suas primeiras 46 unidades no Brasil, número que subiria para 1.307, em 1998, e 3.101 no ano seguinte.

Facilitava a integração o fato de as duas plataformas adotarem o mesmo motor 2.8 básico, com variadas configurações de aspiração e de transmissão, leste-oeste no Ducato de tração dianteira, e norte-sul no Daily de tração traseira. Para tanto, além das linhas de montagem separadas dedicadas aos produtos monobloco e sobre chassi, o projeto também incluía uma fábrica de motores. Inicialmente denominada Divisão de Motores da Iveco Mercosul, a empreitada incluía a montagem do motor 8140 em treze versões, a partir de componentes locais e importados. Mais tarde, esse projeto evoluiria para se tornar parte da Fiat Powertrain Technologies (FPT), divisão constituída em 2005, voltada a produzir motores ciclo Diesel e Otto, transmissões para veículos Iveco e Fiat Automóveis, assim como para o fornecimento a terceiros.

Mesmo antes de a primeira unidade ser montada em Sete Lagoas, a Iveco já incrementava sua participação com produtos importados, oferecendo, entre 1998 e 1999, caminhões argentinos como os EuroCargo 120 E15, 150 E18 e 160 E21, todos com motor turbo seis-cilindros Iveco 8060 de 5,86 l, com potências de 143 cv, 177 cv e 207 cv, respectivamente; caixas Eaton de cinco marchas; eixos Meritor de duas velocidades e PBT de 13,2 t a 17,5 t. Apesar da pequena participação, esses caminhões marcaram a reentrada da marca italiana, em um segmento abandonado anos antes pelos saudosos Fiat 120 e 140.

A faixa dos pesados também não ficaria desatendida, recebendo uma rodada de produtos importados. O primeiro a chegar da Espanha, a partir de 1997, foi o reforçado cavalo vocacional 4×2 EuroTrakker 450 E37 HT, com 3,8 m entre eixos, PBT de 20,5 t e impressionantes 90 t de CMT, que podiam ser esticadas para 110 t, sob consulta. Debaixo da cabine, o robusto motor Iveco 8210.42K de 13,8 litros – atualizado para atender às normas de emissões Euro 2 – produzia 370 cv e 1.720 Nm. A partir do ano seguinte, estreava o primeiro cavalo 4×2 rodoviário, o também espanhol EuroTech 450 E37, de características similares ao EuroTrakker, distinguindo-se principalmente pela transmissão ZF 16 S 1650, também de dezesseis marchas e pelo eixo traseiro bloqueável Rockwell U180, de simples redução que permitia uma CMT de 60 t.

A linha Daily já havia se expandido e conquistado um quinhão de 30% do mercado em 2000. O modelo 49.12, trazido a partir de 1998, contava com rodado duplo e versões chassi-cabine de 3.600 mm entre eixos, com carga bruta de 3,06 t; ou furgão com 3.300 mm e 3.950 mm entre eixos, este último oferecendo 2,88 t de carga útil. Com PBT aumentado para 5 t, o modelo ganhava um *intercooler*, permitindo ao motor Iveco 8140.43 entregar 122 cv e 285 Nm.

A nova fábrica mineira de Sete Lagoas inaugurou a produção dos pioneiros Iveco brasileiros da segunda fase, com os Daily chassi-cabine e caminhões produzidos a partir de setembro de 2000. Com os novos furgões em aço estampado, o Brasil passava a fabricar em escala uma classe inédita de veículos, gradativamente substituindo os modelos até então importados da Itália.

No primeiro trimestre de 2002, a Iveco entrava para o time dos fabricantes de caminhões a oferecer a motorização eletrônica, fato marcado pelo lançamento do semipesado argentino EuroCargo Tector 170 E22, equipado com propulsor Iveco Tector F4AE0681, de 5,88 litros e 24 válvulas, com injeção *common-rail*, capaz de produzir 210 cv e 680 Nm.

Em meados daquele mesmo ano, batizado de Daily City 35.10, a linha Daily furgão ganhou uma nova variante para se adequar aos limites de 5,5 m de comprimento do Veículo Urbano de Carga (VUC) paulistano de então. A receita incluía a redução do entre eixos para 2.800 mm, resultando em um volume interno de 8,5 m³, com 1,66 t de

O modelo Daily foi o primeiro Iveco fabricado no Brasil, em 1997.

carga útil e 3,85 t de peso bruto. Uma execução decorrente foi o chassi-cabine com os mesmos 2.800 mm entre eixos, denominado Daily Campo 35.10. Outra novidade dessa mesma época foi a primeira expansão do PBT do chassi-cabine com rodado duplo para 6,2 t, dando origem ao Daily 59.12. Mas o crescimento da capacidade não pararia por aí. Em agosto de 2004, era apresentado o novo Daily 70.12, com mais um *upgrade* no PBT. Substituindo o 60.12, o caminhão teve o peso bruto esticado para 6,7 t.

O novo EuroCargo 170 E21 nacional foi apresentado em setembro de 2004. Debaixo da cabine basculável, o modelo 16 t brutas acomodava um motor turbo *intercooler* MWM 6.10 TCA, quebrando uma quase eterna tradição Iveco no emprego de motores próprios. Com 6,45 litros, era possível extrair 206 cv e 657 Nm canalizados para uma embreagem Sachs e uma transmissão Eaton.

Em meados dos anos 2000, a linha 6×4 pesada era representada pelo cavalo rodoviário EuroTech 740 E42 TZ com 3.500 mm + 1.380 mm entre eixos, caixa ZF 16S 221 e eixos Meritor em tandem, que permitiam um PBTC de 74 t, próprio para as combinações biarticuladas que começavam a se alastrar pelo país. Com o mesmo motor Iveco 8210.42L de 420 cv, a linha vocacional oferecia o trator EuroTrakker 720 E42 HT, porém com eixos com redução nos cubos, que permitiam uma CMT de 132 t.

Lançada em setembro de 2004, a nova gama Stralis HD, inicialmente importada da Argentina, representava uma total renovação da linha pesada. Em um bem executado trabalho de estilo, típico da escola italiana, chamava a atenção o *facelift* de personalidade própria, a ponto de um olhar menos atento não notar que se tratava da mesma cabine básica do antecessor. A sigla HD (Heavy Duty, ou serviço pesado) servia para diferenciá-lo dos irmãos do Velho Continente, além de transmitir a ideia de robustez adicional, própria para o Brasil.

No entanto, os aprimoramentos mais importantes estavam no conjunto mecânico. Com o Stralis HD, finalmente o motor 8210 Euro 2 era aposentado, depois de uma longa carreira, dando lugar ao novo Cursor 13, de 12.880 cm^3, seis-cilindros em linha, gerenciamento eletrônico e unidades injetoras individuais, pronto para atender às normas Euro 3. Apresentado na Europa em 1997, o novo engenho estava disponível com 380 cv e 1800 Nm, na versão 4×2, denominada HD 450 S38 T. Em 2005, novas versões 6×2 e 6×4 foram introduzidas. No 6×2, a suspensão traseira era

tipo balancim com quatro feixes de molas. Quando equipado com o Cursor 13 de 420 cv e 1900 Nm, o Stralis 6×2 era denominado HD 570 S42 T. O cavalo "trucado" também contava com motor de 380 cv, com o qual se tornava o Stralis HD 570 S38 T. Somente disponível com o engenho de 420 cv e designado HD 740 S42 TZ, o Stralis 6×4 foi concebido para competir no crescente mercado de Combinações de Veículos de Carga (CVCs).

Acompanhando a concorrência que já oferecia modelos semipesados com terceiro eixo de fábrica, em fins de 2005, a Iveco lançou o EuroCargo Tector 230 E22, com motor F4AE0681 D de 210 cv, seguido do modelo mais possante 230 E24, no primeiro semestre de 2006. Neste último, o motor de 5,88 litros era ajustado para render 240 cv com 810 Nm de torque máximo.

Representada pela remodelada série S2000 lançada em 1999 na Europa, a terceira geração Daily não chegaria ao Mercosul. Por isso, a Iveco tratou de atualizar a gama produzida localmente, dando origem à segunda geração da Daily para o Brasil e a Argentina, que faria seu *début* no ano-modelo 2006, em conjunto com a nova motorização Euro 3. O visual revisado trazia um novo para-choque, nova grade dianteira, novos apliques nas janelas laterais e, na versão luxo, faixas decorativas com a palavra "Classic".

A linha de chassi-cabine passava a ser composta pelos modelos Daily Campo 35.13, de rodado simples e 3,5 t brutas, além dos Daily 40.13, 50.13 e 70.13, de rodado duplo, com PBT de 4 t, 5,2 t e 6,7 t, respectivamente. Na linha de furgões Euro 3, a Iveco oferecia três modelos: 38.13, 40.13 e 50.13, com pesos brutos de 3,85 t, 4,2 t e 5,2 t, respectivamente. A faixa de volume útil compreendia de 8,5 m^3 a 15,4 m^3, com carga líquida no espectro de 1,56 t a 2,69 t.

Em 2006, a linha EuroCargo trazia como novidade o motor Tector nacionalizado, aumentando o conteúdo local e, com isso, permitindo acesso às linhas de financiamento da Agência Especial de Financiamento Industrial (Finame). Querendo participar do rico filão representado pelos cavalos mecânicos de até 45 t com motor abaixo de 10 litros, também em 2006, a Iveco deu início à produção do novo EuroCargo Cavallino 450 E32 T, que trazia como grande novidade a estreia do motor Cursor 8 no país. Tratava-se de um moderno engenho eletrônico de 24 válvulas e 7,79 litros, que gerava 320 cv, operando em conjunto com uma transmissão ZF de dezesseis marchas.

Totalmente remodelada, a nova família Iveco Daily, originalmente apresentada na

Europa, em fins de 2006, chegaria ao Brasil a partir do ano modelo 2008. A mudança mais evidente era a cabine com novo e elegante estilo, abandonando por completo o tema anterior. Assinado por Giorgetto Giugiaro, o desenho era marcado pelo enorme conjunto ótico trapezoidal, linhas arredondadas e retilíneas que, mescladas, transmitiam ideia de robustez, potência e segurança, em um pacote belo e interessante.

A linha de chassi-cabine era composta por quatro modelos, sendo o 35S14 e o 45S14 de rodado simples, e os 55C16 e 70C16, de rodado duplo, com PBT de 3,5 t a 6,6 t. No total, havia quatro distâncias entre eixos disponíveis e a cabine dupla podia ser fornecida sob consulta. Para os furgões, a Iveco preparou três modelos básicos, oferecidos em oito configurações, com três variações de entre eixos, e três na altura do teto. Os modelos 35S14 e 45S14 se apoiavam em rodado simples na traseira, enquanto o 55C16 contava com rodas duplas. A capacidade cúbica variava de 8,3 m³ para o 35S14 de teto baixo, até impressionantes 17,2 m³, para o 55C16 de teto alto. Com a nova geração, o cliente levava o moderno propulsor Iveco FPT F1C, de 3,0 litros, 16 válvulas e injeção *common rail* de alta pressão, apresentado em duas versões: 136 cv e 300 Nm, ou 155 cv e 400 Nm.

Em fins de 2008, a linha de semipesados Iveco tinha sido contemplada com importantes adições que a colocavam na crista da onda em termos globais. Denominada Tector, a nova família chegava incorporando traços visuais similares aos do irmão maior Stralis, criando um sentimento de família. O interior também não foi esquecido, recebendo novo acabamento que incluía um painel completamente redesenhado, acabando com a defasagem do EuroCargo nesse aspecto. Em todos

Lançada em 2008, a nova linha Daily, uma das mais vendidas da Iveco, trazia cabine totalmente redesenhada e modelos chassi-cabina com capacidade de 3,5 t a 6,6 t.

eles, a força motriz era centrada em torno do conhecido engenhoso Iveco FPT Tector, de 5,88 litros, bom para 250 cv e 950 Nm. Em 2009, seis modelos compunham a frota Tector, incluindo variantes 4×2, 6×2 e 6×4.

Com a introdução da gama semipesada Tector, era de se esperar que a nova cabine também fosse vertida no cavalo mecânico 4×2 da faixa de 45 t, o que de fato aconteceu. O resultado foi o nascimento, em 2009, do Iveco Cursor 450 E33T, com motor Cursor 8 de 324 cv.

Depois de anos ressentindo-se da falta de produtos nas faixas leve e média, finalmente, em julho de 2010, começava a ser produzida a nova linha Vertis, que, de sobra, também incorporava um modelo médio. De forma criativa, a plataforma com elevado grau de comunização atendia simultaneamente às duas faixas de peso, em geral coberta por produtos substancialmente distintos, inclusive com cabines dedicadas. A família vinha em dois formatos, o Vertis 90 V16, com 9,3 t de peso bruto e 130 V18, para 13,3 t. A versão de quatro cilindros e 3,92 l do motor FPT NEF, de origem comum Iveco e Cummins, finalmente chegava ao Brasil. Oficialmente denominado F4AEE481C, o propulsor de 154 cv era destinado ao 90 V16, enquanto o F4AEE481B de 173 cv era exclusivo do 130 V18. Em ambos, a transmissão era uma ZF de cinco velocidades.

Visando a realinhar seus cavalos mecânicos pesados, face à concorrência, para a temporada de 2010, a Iveco criou a chamada família Stralis NR (New Range), marcada pelas novas faixas de potência. Os modelos 410 NR tinham motor Cursor 13 ajustado para 415 cv e 2000 Nm. Considerando o constante crescimento da potência no mercado para melhor encarar as composições de 53 t a 74 t brutas, surgiram as versões 460 NR, com o propulsor de 12,88 litros calibrado para produzir 460 cv. O modelo topo de linha era o 740 S46 TZ, um 6×4 para 74 t combinadas.

No ano-modelo 2011, como opção, aparecia listada uma nova transmissão automatizada de dezesseis marchas ZF-AS Tronic, modelo 16 AS 2630 TO, disponível para os caminhões Stralis NR de 460 cv, que recebiam a designação de EuroTronic, quando assim equipados. Com a caixa automatizada, o cliente podia pedir o ZF Intarder de 540 cv de potência, que, somado aos 415 cv do freio motor Iveco ITB, proporcionava excepcional capacidade de frenagem.

Buscando, principalmente, melhor penetração no mercado de mineração, em fevereiro de 2011, a Iveco Latin America apresentou seu novo Trakker 410 T 42 8×4, com PBT de 50 t e peso de 10,65 t em ordem de marcha, com pneus 395/95R 24. Produzido na fábrica de Barajas, na Espanha, o Trakker, de olho no nicho de transporte de cargas excepcionais, exibia capacidade de tração de 132 t, que podia, eventualmente, chegar a 176 t. O trem de força era composto pelo conhecido Cursor 13 Euro 3 de 420 cv, ligado à transmissão automatizada ZF-ASTronic 16 AS 2631 TO e eixos Iveco 453291, com redução final nos cubos de roda.

Mesmo com a adição da linha Vertis, que carecia de um produto abaixo de 9 t, a Iveco continuou apostando na favorável relação custo-benefício e no baixo peso do Daily para brigar na faixa de 7 t. A prova disso foi representada pela adição do Daily Massimo 70C16 HD, que chegava ao mercado em 2011 trazendo freios traseiros a ar, freio de estacionamento tipo mola acumuladora, eixo motriz Dana 284 e peso bruto arredondado para 7 t.

Para dar continuidade ao seu plano de expansão no Brasil, no Salão Internacional do Transporte Rodoviário de Cargas (Fenatran) de 2011, em São Paulo, a Iveco apresentou uma nova rodada de modernizações em toda a sua linha de produtos, denominada Geração Ecoline, em sintonia com os novos padrões de emissões da fase P-7 do Programa de Controle da Poluição do Ar por Veículos Automotores (Proconve), similar ao Euro 5. A linha Daily recebeu motorização F1C com EGR, enquanto os demais caminhões foram dotados de novos motores com tecnologia SCR, todos produzidos pela FPT. Os motores de 13 litros passaram a ser oferecidos com potências de 411 cv, 440 cv e 480 cv.

Atualmente, a Iveco é considerada uma das maiores fabricantes de caminhões do mundo, com uma gama completa de veículos comerciais em todos os segmentos do mercado. São 23 fábricas espalhadas por dezenove países da Europa, África, Ásia, América do Sul e Oceania, além de seis centros de desenvolvimento de produto no mundo. Comercialmente, a empresa está presente em mais de 160 países, com 25.000 colaboradores diretos e 5.000 pontos de venda e atendimento.

Embora a fabricação dos lendários caminhões FNM D-9500 e D-11000 tenha se encerrado há muitas décadas, seu legado permanece vivo como referência na indústria automobilística e na memória dos apaixonados por esses verdadeiros reis da estrada.

Capítulo 5

DADOS
TÉCNICOS

Os dados a seguir se referem ao modelo FNM D-11000 V-5, Chassi Standard, ano 1971, voltado a aplicações com reboque, carroceria sobre chassi e para a conversão para terceiro eixo por empresas especializadas.

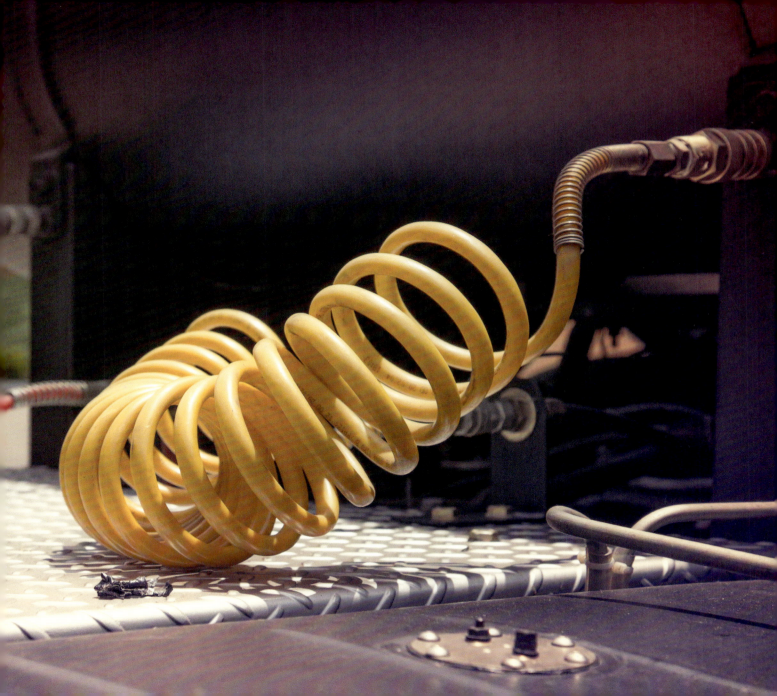

MOTOR

Modelo: FNM 9610.

Configuração: Ciclo Diesel, 4 tempos, 6 cilindros em linha, bloco em liga de alumínio com camisas removíveis, 3 cabeçotes (1 para cada 2 cilindros). Árvore de manivelas apoiada em 7 mancais. Sistema de combustível com bomba injetora em linha e injeção direta. Arrefecimento por líquido com bomba d'água centrífuga, termostato, radiador e ventilador de 6 pás. Lubrificação por bomba de engrenagens, filtros principal e regenerador.

Cilindrada total: 11.050 cm^3
Potência máxima bruta: 175 cv a 2.000 rpm
Torque máximo: 67 mkgf a 1.400 rpm
Relação de compressão: 17:1

TRANSMISSÃO

Embreagem monodisco a seco de acionamento mecânico. Caixa de mudanças de 8 velocidades à frente, sendo 4 velocidades normais e 4 velocidades multiplicadas. Marcha à ré normal e multiplicada. Comando do multiplicador por alavanca no painel de instrumentos e cabos de aço. Engrenagens helicoidais de engrenamento constante com luvas deslizantes para as marchas de 2ª a 4ª e o multiplicador. Localização remota, no centro do chassi, com acionamento por árvore de transmissão dotada de juntas universais.

Relações de Redução:

Velocidade	Lenta	Rápida
1ª	5,305:1	4,000:1
2ª	3,043:1	2,295:1
3ª	1,627:1	1,226:1
4ª	1,000:1	0,775:1
Ré	4,925:1	3,717:1

EIXO TRASEIRO

De dupla redução e uma velocidade, dotado de dois pares de engrenagens, um cônico e um cilíndrico.

Relação total de redução: 8,750:1

FREIOS

De serviço pneumático, com circuitos independentes, dianteiro e traseiro. Compressor de ar bicilíndrico. Freio de estacionamento por tambor de acionamento mecânico, atuando na saída da transmissão.

DIREÇÃO

De acionamento mecânico, tipo setor e rosca sem-fim. Opcional: servo-direção hidráulica montada no sistema de direção. Raio mínimo de curva: 8,5 metros.

CHASSI

Tipo escada, com longarinas de aço estampado. Travessa dianteira desmontável. Travessa traseira reforçada para a operação com reboque.

SUSPENSÃO

Dianteira com eixo tipo viga "I" e feixes de molas semielípticas. Traseira com eixo rígido com feixes de molas semielípitcas de dois estágios.

RODAS E PNEUS

Rodas de aço raiadas, com aro 22", dianteiras simples, traseiras duplas. Pneus diagonais 11.00 × 22, de 14 lonas.

SISTEMA ELÉTRICO

De dupla tensão: 24 Volts para o motor de partida e dínamo; 12 Volts para os demais acessórios. Dínamo de 350 W e 24 Volts. Duas baterias de 12 Volts e 140 Ah. Motor de partida de 6 cv e 24 Volts.

DIMENSÕES

Comprimento total: 7.239 mm
Distância entre eixos: 4.000 mm
Balanço dianteiro: 1.310 mm
Balanço traseiro: 1.929 mm
Altura: 2.680 mm
Largura: 2.500 mm
Bitola dianteira: 1.966 mm
Bitola traseira: 1.796 mm

PESOS

Peso do chassi: 4.950 kg
Carga útil e implemento: 10.050 kg
Peso bruto total: 15.000 kg
Peso bruto total com reboque: 40.000 kg

DESEMPENHO

Velocidade máxima teórica: 63,45 km/h
Rampa máxima superável: com 15.000 kg, 31,0%; com 40.000 kg, 13,8 %.

86 CAMINHÕES FNM

VOLUMES DE PRO[DUÇÃO]

	1957	1958	1959	1960	1961	1962	1963
	130 cv					**150 cv**	
D-9500 V-1	2.842						
D-11000 V-5	70	3.680	1.190	851	656	308	439
D-11000 V-4		2	718	1.154	1.057	432	702
D-11000 V-6		308	169	447	320	152	182
D-11000 V-8				11	7		
D-11000 V-12							
D-11000 V-13							
D-11000 V-10							
D-11000 V-17							
Total por ano:	2.912	3.990	2.077	2.463	2.040	892	1.323
Total geral:	**26.875**						

Nota: Dados fornecidos pela ANFAVEA - Associação Nacional dos Fabricantes de Veículos Automotores. Em 1972, ainda foram fabricadas 950 unidades do FNM D-11000.

DADOS TÉCNICOS 87

...O FNM – 1957-1971

1964	1965	1966	1967	1968	1969	1970	1971
			\multicolumn{5}{c	}{175 cv}
325	166	1		89	75	67	140
642	463	1.046	422	191	82	40	152
293	715	347	475	530	479	570	794
			68	329	740	452	9
				3	186	276	267
					20	82	40
						64	538
1.260	1.344	1.394	965	1.142	1.582	1.551	1.940

BIBLIOGRAFIA

BANCOS DE IMAGENS

Acervo do Arquivo Histórico Municipal João Spadari Adami. Caxias do Sul.
Acervo iconográfico do CEDOC da Anfavea. São Paulo.
Biblioteca da Delegacia do IBGE. São Paulo.
Divulgação Iveco.

LIVROS

ANFAVEA. *Indústria automobilística brasileira – Uma história de desafios*. São Paulo: AutoData, 1994.
CONDOLO, Massimo. *Iveco – 1975-2005*. Brescia: Fondazione Negri, 2005.
DE SIMONE, Rogério e FERRARESI, Rogério. *Alfa Romeo*. Série *Clássicos do Brasil*. São Paulo: Alaúde, 2013.
GONÇALVES, Vergniaud C. *Automóvel no Brasil – 1893-1966*. São Paulo: Editora do Automóvel, 1966.
_____. *O século do automóvel no Brasil – Edição comemorativa de 40 anos da Brasinca*. São Paulo: Iconographia Pesquisa de Texto Imagem e Som, 1989.

REVISTAS E ANUÁRIOS

Anuário Banas. São Paulo: Banas.
Anuário de Caminhões. São Paulo: Editorial e Comunicação RQ.
AutoData. São Paulo: AutoData.
Automóveis & Acessórios. São Paulo: H. D. Oliveira.
Brasil Transportes. São Paulo: NTC & Logística, Associação Nacional do Transporte de Cargas e Logística.
Carga. São Paulo: Almeida Harris.
Carga Pesada. Londrina: Ampla Editora Antonucci&Antonucci.
Caminhoneiro. São Paulo: Tudo em Transporte.
Frota & Cia. São Paulo: Frota Ltda.
HP – Revista de Veículos. São Paulo: CFC.
Mecânica Popular. Rio de Janeiro: Efecê.
O Carreteiro. São Paulo: Abril, depois G.G.
Revista de Automóveis. Rio de Janeiro: Murillo P. Reis.
Seleções do Reader's Digest. Rio de Janeiro: Ypiranga.
Transporte Moderno. São Paulo: TM.
Truck & Van. São Paulo: Scat e Artes Gráficas.

OUTROS MATERIAIS DE CONSULTA

ANFAVEA. *Relatórios Estatísticos de Produção e Vendas de Veículos Automotores*. São Paulo: Anfavea, 2012.

PAIVA, Eduardo N. *A FNM e a indústria automotiva no Brasil: Uma análise antitética do ponto de vista da teoria ator-rede*. Tese de doutorado. Rio de Janeiro: Coppe – Instituto Alberto Luiz Coimbra de Pós-Graduação e Pesquisa de Engenharia da UFRJ, 2004.

REIS, Neuto G. *Legislação brasileira de pesos e dimensões – Guia do transportador rodoviário de carga*. Artigo. São Paulo: NTC, 2000.

CRÉDITO DAS IMAGENS

Acervo Instituto Brasileiro de Geografia e Estatística
Páginas: 13, 18, 20.

Arquivo Evando Fullin
Páginas: 28, 29, 34, 45, 63, 71, 72, 73, 77, 79.

Arquivo Rogério de Simone
Páginas: 7 (de baixo), 9 (de cima), 14, 17, 19, 27, 31, 35, 38 (as duas da esquerda), 49, 51, 54, 55, 57, 67.

Propagandas de época
Páginas: 15, 16, 24, 41, 50, 58, 62, 68.

AGRADECIMENTOS

Os autores gostariam de agradecer às seguintes pessoas e empresas que foram importantes para o complemento desta obra: Alinne Morais da Fonseca, Alveri Aguiar de Sá, Anselmo Baum, Arquivo Histórico Municipal João Spadari Adami de Caxias do Sul, CEDOC ANFAVEA, Cláudia Banús, Covre Transportes e Logística, Daisy Silvério de Souza, Deise Giacomoni, Dirceo Cironi, Edison Silvestre, Edmir Barbosa, Elenira Prux, Expresso Araújo, FBVA – Federação Brasileira de Veículos Antigos, Gustavo Luiz dos Santos, IBGE – Instituto Brasileiro de Geografia e Estatística, Irvando Alcarde, João Covre, Kleber Marins Guerreiro, Lourival Fiedler, Maristevo de Gouveia Alves, Miklos G. Stammer, NTC & Logística – Associação Nacional do Transporte de Cargas e Logística, Odélio Fernandes Júnior, Osvaldo Tadeu Strada, Paulo Brüning, Reginaldo Covre, Ruben Eugen Becker, Rubens Rossatto Filho, Rudolf Baer, Transportadora Onofre Barbosa, Vania Maria Azevedo Nacif, Volker Hitzer, Walter Rodrigues Ribeiro, Wilson Roberto da Silva. Agradecimentos especiais a Osvaldo Tadeu Strada pela gentileza de nos deixar fotografar sua coleção de FNMs, que ilustrou este livro.

Compartilhe a sua opinião
sobre este livro usando a hashtag
#CaminhõesFNM
nas nossas redes sociais:

 /EditoraAlaude

 /EditoraAlaude

 /AlaudeEditora